낙동강문학 시인선 ②

# 나의 빛깔

제왕국 시집

홍익출판사

# 自 序

투명한 햇살에 눈이 부시다.
빛살에 벤 살갗의 아픔처럼 통증으로 눈이 저려온다.
몇 발짝만 떼면 되는 것을 산자락을 휘돌아 왔다.
되돌아보니 유년의 시린 가슴과 한숨이 거기에 있다.
이제껏 흘러온 세월들이 신기루 같다. 뒤돌아보면,
굽고 자갈밭 비렁 새의 소나무처럼 그렇게 살아온 것
같다.
누구에게나 자기만의 빛깔, 냄새가 있다. 나는 이제껏
어떤 빛깔로 여기까지 흘러왔을까? 늘 뭔가를
동경하는 눈짓의 빛깔로 살아왔을까?
이젠 누군가의 등을 긁어주고, 버팀목이 되어주는
그런 소박한 마음으로 눈부신 햇살 한 점 가슴속에
소중하게 간직하며 그렇게 살고 싶다.
도와주신 모든 분들께 삼가 감사의 마음을 전한다.

선금산 아래 우거에서
야성 제 왕 국

# 차 례

## 제2부 가을이 간다고

## 제3부 흔 적

## 제4부 아지랑이

## 제5부 고향 길

# 제1부

# 문을 나선다

# 낙엽은 내 몸이 아닌 것

가지에서 추락하는 낙엽
제 살이 아닌
타인의 살

나무는 언제나
제 살 도려내는 연습을 한다

나무와 이파리는
맺을 수 없는 친구가 되어
먼 훗날을 약속한다

한 점 빛처럼
스쳐가는 세월, 하염없이 퇴색하여

너무나 멀리서

# 찬란한 봄꽃

봄빛의 들녘에 서서
그 여인의 이름을 불러본다
기억을 거품으로 떠내어도
가슴속 방울방울 어린 소이
소실점 잃은 풍선처럼 날아가고 말았구나

봄 햇살의 비늘
들녘을 흥건히 적시면
너는 온다고 마른 소리로 말했지
문득 팔짱을 끼고
가느린 목소리 네게로 다가간다

영롱한 가슴 부풀어
시간들에 주눅이 들어
세월의 강물에 밀리고 흘러
여기, 강의 하구까지 왔구려
그리고 회상이다

이 들판에 눈이 내리고
봄꽃마저 시들어

너의 향기 맡을 수 없어도
지금 나는 강물에 띄운
신비한 이 자연의 미세한 선율을
새싹들의 가슴으로 듣고 있다

※ 소이 : 느낌, 까닭을 의미함

# 문을 나선다

철 이른 아침,
좁은 아파트 문 밀고 나서면
코끝을 간질이는 취객 같은 바람에
마른 재취기를 토해댄다

느슨한 삶 배낭에 짊어지고
하루의 꿈 호주머니에 찔러 넣고
안팎이 헐렁한
동전 몇 개 달랑거리며
문을 나선다

여기저기 떠돌다
이제 막 정박한 낡은 선박처럼
가슴 설레는 하루가 멀찍이 서서
네온사인으로 돌아가지만
이 모든 것
거머쥘 수 없는 지난날만
회상같이 스쳐갈 뿐
더러는 빈 몸인 채로
젖어들고 있다

흘려버린 어제의 시간들을 곱해도
밑천 건지기 어려운 인생살이
노숙처럼 남아 있는 것을
밀어내고 문을 나선다

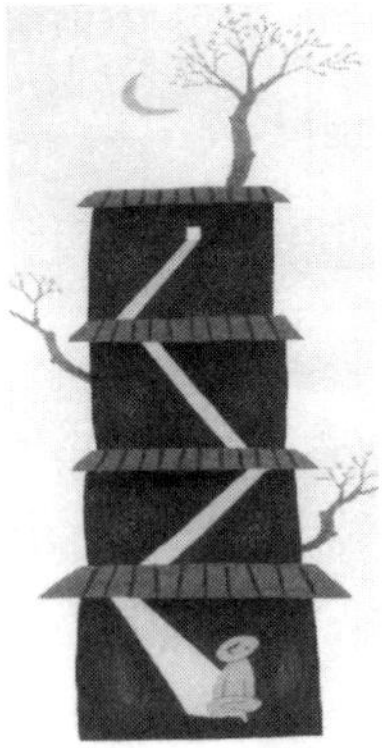

# 금붕어

금붕어들이
보글보글 거품을 뿜어대며 헤엄치고 있다
우르르 몰려다녀도
파도는 치지 않는다
단단한 그림자를 끌고 다니고
그 그림자들은
우수수 빗방울처럼 떨어져
풍선 같이 날아간다
풍선을 쥔 아가의 맑은 얼굴이
금안에 가득하다
금 밖으로 나서려는 붕어들의 장난기
아가의 천진을 닮았다
그림자처럼
수초 밑
어둠을 뚫고 모여들기도 한다
금붕어들이 떼를 지어 다니고 있다
일상의 한 방편으로
탁발하러 떠나는 스님같이
허기진 나그네 발걸음 같이
통통 부은 발을 들어다보며
수많은 허기들이 몰려다니고

# 수석

무늬 진 몽돌 바라보네
하느님 눈물의 방울들
해탈한 스님의 사리들
바닷가에서 돌의 젖가슴 만져보네
햇살 둥글둥글 이슬처럼 구르는 날
세월이 흘러서
각이 진 모서리 버물어
햇살이 미끄럼 타는
꽃 같은 문양석 응시하네

# 돌담에 기대어

싸리문밖 돌담에 기대어
난쟁이 키만 한 햇볕을 바라본다

안타까워
묻어나는 정령인가
구름 속
굵은 비
떡갈나무 잎 같네

황산재 구부러진 길목에
바람만 통하는 낡은 정자 하나
목이 긴 코스모스처럼 서서
저리도 꽃무늬 부시게 휘젓고 있다

흔들리지 못한 마음
안으로 사리 틀어
미련마저 동여매고
하루살이마냥
풀어내지 못한 가슴속 한恨
가마솥에 끓이고 있다

입술에 부옇게 갈앉은
그리움을 떼어내려고
정금正金의 햇살 부신 눈으로
노을진 서산 마루 하냥 없이
바라보는 세월의 잔등

콩콩 튀는 가을볕
금가루의 노을 황홀하다

# 아가의 손

아궁이를 바라보며
타는 불 속에 삭은 장작을 집어넣는다
저 하늘 아래
오직 넓고 아름다운 겨울을 지피고 있다
금방 구들은 허기 몰아내고
포근한 하루를 재운다
아가의 깔깔 거리는 웃음 속에
온돌의 허기가 부드러워진다

구들 한쪽을
거머쥔 아가의 통통한 손
파문 진 호수처럼 떨고 있다

# 잠꼬댄 소리가 없다

잠꼬댄
소리가 없다
나직이 속삭이는 바람 같은 이파리
흔들릴 듯 반짝이고 있다

낯익은 백지엔 춘란이 한들거린다
항우 눈처럼 찢겨진 꽃송이 하나
천장에 대고 아우성이다

방안에 갇혀버린 추억 한 토막
꽃에 나비처럼 앉아 슬며시
그리움 털어내고 있다

독창문으로 맑은 공기 살랑이듯
이파리 간질이고 있다
흔들리며 자지러진다

소싯적 그리움
한소쿠리 쓸어 담고 있다
꽃송이 하나 툭하고 고개 꺾는다

창밖에서 꽃송이처럼
누가
손을 흔들고 섰다
오지 않을 지난 그리움 이슬처럼 구르고
잠꼬댄 소리가 없다

# 피로와 꿈

잠에서 깨어나면
아직 덜 깬 소태 피로 있다

피로가 쉬이 물러나지 않는 아침
눈꺼풀에 내려앉은 삶에 젖은 곤한 몸 있다

오늘아침에도 날갯죽지를 길고 넓게 펴보며
꿈꾸듯 하루를 연다

피로는 하루를 시작하는 잣대
짧게도 넓게 펼쳐진다

아침에 깨어나면 수돗물로 세수하고
저녁에 일어난 꿈들을 찬찬히 깨워본다
그러나 흰백지에 무엇을 쓴 것인지 알 수 없다

저녁에는
서산 노을처럼 환한 얼굴로 돌아온다

# 길과 꽃

가다말다
흔적만 남는 것이 있다

차곡차곡 찍히는 발자국
길이 되어 앞선다

길에 멈추어 서도
그 길 위에는
꽃들이 무수히 피어나고

길 위에 있지 않아도
그 길 따라 꽃은 핀다

그리움에 핀 꽃
꽃숭어리에 찍힌 바른 길이
나를 인도한다

# 절뚝거린 삶

절뚝거리며 산을 오른다
가슴에 고인 어제의 분노
뱉어내기 위해 꼬부랑길 오른다
이슬 맺힌 야생들국화
방그레 웃고 있다
내 나이 이순에 혹하나 달랑 달고
막 달려온 역겨운 세월 갈며
이렇게 분노의 길 걸어야만 하는가
저 들국화처럼 살며시 웃으면 안 될까
이슬에 젖은 풀잎처럼
고개 숙여 세상 보면 안 될까
절뚝거리며 산을 오른다
세월에 젖은 어제만 고스란히
내 가슴에 남아
묵묵하고 가파른 길
혼자만 가는 길
그 길이 워낙 소심해서
그 길에 찍힌 옛날을 더듬으며
이렇게 절뚝거리며 산을 오른다

# 앙코르와트

앙코르와트 가히 절경이다
다소곳 자리 잡고 앉은 모습 꼭 하늘의 궁정으로 이름값
한다
때마침 건기라 수천의 얼굴 다른 사람들로 꽉 차고
하나하나 짚어보며 바라보는 것마저 수줍어 고개 숙인다
봉황처럼 날아오르는 음각된 기둥들이 다채로워 그 앞에
경의를 표하고
주눅 든 어제오늘 접어두고
거듭 눈길 묶어 하늘 끝 천궁에 대고
저들은 저주의 눈물 흘린다

천년의 눈물자국 비로소 거대하게 활강하는
놓기가 싫어 붙들고 있는 뿌리들
무용한 놀이로 생사 잊고
오직 목숨 건 합당한 이유가 있다
절경은 사람의 목숨 한없이 빨아들이고
매섭게 쏟아대는 햇살 촉에
발그레한 얼굴
한숨 어린 시간들이 마냥 흘러가고
방심의 허 찔릴까

무기교에 한순간의 옷깃도 허용치 않는
매순간 사람 생사 달려 있다

오늘도 옷고름에 새는 방전의 세월을
아무에게도 보일 수 없던 허무한 마음을
숨죽여 감추고 앙코르와트는 놓여 있다

## 숲 그늘에 서서

숲 그늘에 서서
땅속 어디메 숨겨진 정령
짚어보는 삶의 이치
신비한 하늘 길 다녀와서
처음인 듯
환하게 숲속 밝히는 등불이고 싶다

숲 그늘에 서서
들길 혼불처럼 일어나서
활활 붙는
사랑의 꽃이고 싶어라
그 지붕 너머 향기 스치듯
어느덧 노을빛 가리어 보이지 않는다

이 땅에 와서
그런 혼불 몇 차례나 일으키며
활활 태울 것이냐
숲 그늘에 서서

# 보름달

둥그스름한 얼굴 하늘에 떠 있다
떨어지지 않는다

유년시절의 저녁 어스름
힘껏 차 버린 어느 소녀의 얼굴이다
너무 억울해서
푸르스름한 눈물 떨구고 있다

저 예쁘고 둥근 푸르스름하게 빛나는 것
손녀에게 하트 모양의 과자를 집어준다

# 단풍

부뚜막에 올라탔다

벌겋게 달구어진다

넋 나간 듯 손을 놓고 앉았다
서서히 발그레 지는 얼굴, 예쁘다

# 조춘

햇살 엮어
오수를 즐기며
포만감에 취한 하루
혀끝으로 느끼는 계절의 냄새

달랭이 총총
별빛처럼 돋아나는
언 땅 차가움 버물어
향기 더욱 매서우니

울고 넘던 찬바람도
그 향에 취해 조을듯
웃음 웃네

## 제 2 부

# 가을이 간다고

# 낡은 배

바람 불면
말괄량이 손녀 윤희처럼
해맑은 마음 펄럭이리
하얗게 익어가는 과일 같은 마음
먼데 하늘 아지랑이같이 아름답고
보드라운 솜 같은 마음 돛폭에 달고
깔깔거리는 손녀의 재롱을 보며
잠시 젊은 날 되돌아보고
어려웠던 시절이 까까중 모리로 다가와
차곡차곡 개개어둔 서글픔을 풀어
펄럭이는 오늘날 나는
한 마리 추상의 새가 되어
하늘 높이 나는 꿈을 꾸고 있다
바람 불면
낯선 추억담 가득 실고 오는
낡은 어선은 출렁거리기만 한다

# 신부의 꿈

연분홍 꽃신 신고 햇살처럼 신부가 걸어온다
하얗게 바래진 꿈이 몽실 피어오른다
수줍어 눈 깐 바닥이 환하게 밝아오는
예식장에는 눈부신
세상이 활짝 열린다
햇살 같은 신부의 뺨에
아담한 미래가 그려지고 있다

# 매화나무 향수

매화나무가 속살침 맞고 연분홍꽃을 터트린다
매화나무는 그늘도 향그럽다
가만히 짚어보는
너그러운 마음이
방울방울 맺히는 매화나무
꽃송이마다 얼룩진 세월이
혹사당한 인력 꾼의 꿈이 있다
매화도 그늘 묻어 한해 농사를 짓고
열매는 하늘에 맺고 그늘은 땅을 향그럽게 한다
매화나무가 향수를 뿌린다
그 향수 고봉으로 담아두고
그렇게 그늘을 드리우고 있다

# 그냥 그 자리에 살아도 좋은 일

그냥 그 자리에 살아도 좋은 일
독창문 열어두고 먼 산 바라본다
산마루턱에 걸쭉하게 걸친 운무
한 방울의 보석처럼 반짝이면
이슬에 젖은 살구나무 푸른빛 깨치고
설렁설렁 부는 바람에 아픔을 잊어
노을진 산능선 따라 거뭇거리는
어둠 밀며 별빛 초롱 밝아온다
산록 따라 익어가는 가을볕에 살아도 좋은 일
촘촘한 누비 같은 아름다움에
세상 일 잊으며 흔들리는 마음 바로 잡고
살아가는 일
무르팍 깨져봐야 사는 이치 아는 것
살구나무 푸른 열매의 신맛이
사람 사는 맛이라고
그게 바로 삶의 지혜라고
넌즈시 일러주는 것을
모른 체 살았지
그냥 그 자리에 살아도 좋은 일
매번 건들거리며 아귀다툼으로
아파 오는 가슴, 원수지며 살았는가

# 내 귓속에 벌이 산다

내 귓속에 벌이 산다
가끔씩 앵앵거리는 소리 들을 때도 있고
내가 가만히 들어보면 쌕쌕거리는 소리가 나기도 한다
그러다가
산여울 소리로 들려오기도 한다

내 귀에는 벌이 산다
내가 잠자면 날개 터는 소리가 유장하고
그때부터 이 세상 그늘에는 또 한 겹의 짙은 그늘이
깔리기도 한다
귀에 사는 벌은
내 가난한 영혼이다

# 가슴에 볕이 들어와

그늘 속 걷다가
볕바른 양지에 들었다
내 몸은 안으로 탄다
네가 드리운 사랑의 심연
갯바위에 부딪치며 이는 포말
자그마치 수평을 채운다

볕은 사랑이다
풀과 나무들 가만히 손잡는다
잎사귀에 떨어지는
숲의 눈물들
또르르 구르면
내 귀에 들려오는 볕의 속삭임
숲을 키우고 있다

볕이 내 몸속으로 들어온다
얼음처럼 차가웠던 가슴속
스스로 채우지 못한 느슨한 삶을
꼭꼭 채우고 있다

# 인연 - 1

햇살 따라 오르는 산길
언뜻 눈에 비친 허름한 막대기
풀숲 옆에 버려져 있다
화석이 되어 내 손아귀에
흘러간 세월만치나 부드럽게
하루 아니면 몇 시간의 동반자가 될
이젠 고희古稀 지난 마른 가지로
육십도 채 이른 젊은이 지팡이로
서로서로 무거운 육신을
가볍게 떠받치고
산을 오른다
귓속으로 들려오는 산의 숨결 마음으로 짚고
여리고 정겨운 산새들의 푸른 소리 들으며
산의 정상을 오른다

# 인연 - 2

키다리 억새
허옇게 머리 풀어

흔적 쓸며 섰는
산자락 오솔길 가네

전생에 머물러 두었던 인연
이승에 풀어놓고

구름과 바람 따라
부서진 의족 끌며 가네

쩌벅 쩌벅 산자락 울리는 소리
억새 키를 낮추며 가네

# 조각달

스스로 풀어헤치는 차가운 소요
웃어야 할 어제가
다소곳 머물고 있다

옷깃 여미는
슬픈 듯 푸른 눈동자
누구도 잠길 수 없는
깊은 수심에 어려
가슴속 깊이 묻어 있는
뜨거운 사랑의 눈짓

조각달
배꼼이 내다보는
서산마루에 감추어진 눈짓
달빛보다 더 서늘한 눈물
길게 그늘을 드리운다

잊혀져 버린
너와의 눈부신 약속
그대의 눈짓만큼이나
굳어버린 마음을

# 세상, 의미도 모른 체

하나의 눈짓에
나를 두고 온 세상 밖의 문을 연다

별빛처럼 깜빡거리는
하나의 의미 밖으로 나선다

누군가의
입술 훔치는 흉내 내며
나뭇가지에 나앉은
바람같이 흔들리는 미녀의 마음을

떫은 감정 스스로 얽어매고
갈대처럼 속을 비우고 사는 듯
그렇게 세상의 의미를
깨달아 가는 것을

머리 위로 떨어지는 별들 가운데
머물러 추억담 숭숭 쌓고
바람마저 자고 있는 소슬한
산사 적막 우두커니 지켜보며
산문을 나선다

아직 의미 밖에 서서
스스로 나서지 못하는
하나의 떫은 땡감처럼
고개 치켜들고 사는 세상인 걸

# 보리밭길

하얗게 빛바랜 스크린에
남여가 가쁜 숨을 헐떡이고 있다
벚나무에 깜박이는 전등이 매달린 가설무대
구경꾼들이 썰물같이 빠져나간 공터에
우리는 하얗게 부푼 꿈 안고
보리밭길 따라 집으로 간다
자꾸 밟혀오는 여인의 몸짓
침묵하는 별빛처럼 가슴에 남아
황산재 보리밭 걸어본다

달빛 젖은 공터에는
가지 늘어뜨린 나무들만 기웃거리고
홀로 서성이는 그림자처럼
빈 가슴에 잠시 훑고 지나가는 그리움
맡겨둔 사랑을 끄집어낸다

가설무대엔
사랑도 얄궂다, 달빛도 흐느끼는
참말로 고요한 밤만 늘어지게
보리밭, 보리가 쓰러지는 소리가 환청처럼 들린다

# 매화꽃 그늘

쉬이 잠들지 못할 밤에
홀로 깜박이는 매화꽃 어스름
침묵처럼 고요한 밤이다

옷섶을 들춰는 바람은
살갗을 떨게 하고
등잔불은 매화처럼 향에 젖어 부시고
우리의 허기진 웃음 뒤
저 매화 향 가득한 세월 하얗게 밝으리니

소주잔 적시는
매화 향
가난도 팔자니 그렇게
둥글둥글 돌아가는 세상을
자꾸만 쌓여가는 허기를
옷섶에 묻혀 사는 것을
소주잔에 가난이 웃고 있다

# 문학기행

지용문학관 둘러 아리랑 김제 길에 올라
굵을 대로 굵어진 장대비
금강에서 불어오는 바람이
흔들리는 장대비를 두들긴다
때론 고요하다가
때론 자갈자갈 깊은 소리를 내다가
해맑은 웃음소리 길바닥을 메운다
메우는 그 힘, 자박자박 발걸음소리
붙잡지 못하는 땅의 힘 팽팽하게 부풀어
안으로 안으로 번지는 소란스러운 힘
자력이 크면 클수록
빗방울은 비상한다
너무나 단단한 빗방울의 야성
튕기면 웅웅웅 우는 득음의 신명 한가락
두루마기 휘날리며 한 대목 걸쭉하게 풀어 놓는다

# 가을이 간다고

가을이 간다고 바람이 일러주었다
낙엽이 떨어진다고 눈짓했다

가고 오는 것
서글픈 마음 앞서는 하루가 넘어가면
꿈 하나 달랑 보듬고
나뭇가지에 매달린 보름달
차갑도록 쓸쓸한 그리움에
향기롭게 젖어보고 싶다

가을이 간다고 바람이 일러주었다
낙엽이 떨어진다고 눈짓했다

더러는 별빛 떨어진 논
푸릇하게 돋아나는
잘려나간 시간마저
고요히 잠들어 있는 밤
홀로 깜박이는 등잔불의 향연
바람도 잠들러가고 없는 허전한
눈 두렁에는 별빛만 소곤거리고 있다
가을이 간다고

# 봄은 가지에 젖어

바람 부는 날
흰 터럭 날리며 담장 밑에 쪼그리고 앉아
나무들의 흔들리는 소리 듣는다
정답게 속삭이는 소리
야단치는 소리들이
바람을 가르며 흔들리고 있다
혼곤한 잠은
흔들리는 것이 급선무라고
그렇게 비웃고 있는 것처럼
나무들은 흔들리고 있다
한 겨울동안 용케도
빈 몸으로 보낸 나무들
이젠 가지마다 봄이 젖고 있다

# 바람 따라

비 그친 산사 계곡
시냇물소리 따라 바람이 분다
나뭇가지 사색에 젖어 있다
햇살이 고요히 젖는 절간 풍경소리
하루가 멀어, 놓고 갈 삶
아등바등 미끄럼 탈 이유 있으랴

이 세상 끝
적막 한 칸에 다소곳 머물
번뇌 걸어두고 이 몸 하나 훌훌
시냇물 따라 바람에 묻히면
족한 것을, 헐떡거리며 인생고
치룰 일이야 있으랴

비 그친 산사 계곡
말갛게 햇살 드는 양지에 앉아
나무처럼 흔들려본다

# 제3부

# 흔 적

# 노을

노을은 산마루턱 딸아 올려
나뭇가지 붉게 물들이며 흔들리고
내 초라한 책상 우를 비추며
시간 속으로 사라져 간 끈끈한
하루의 노역을 이제 막 접는다
텅 빈 공원의 으스러져가는 의자에 앉아
내 마음에 쌓인 먼지 씻어내려고 안간힘 써보지만
소리 없이 사그라드는 노을에 잠겨
어디선가 들려오는 울먹임 귀 기울이고
유리창에 새겨지는 시간의 무늬들
어른대는 저편의 풍경
어스름이 바짝 붙은 창가에 서서
노을에 뺨 부비며
지난 온 삶의 자락에 들끓었던 소리 엿들으며
나는 잠시
저렇게 고운 노을에 눈을 준다

# 삶을 헹군다

어제의 삶을 헹군다
언제나 비루먹은 하루를 비틀거리기만 했던
어제의 후회들을 푹푹 문지르며
어느 시절 앞세워 나타날 꿈을
바지랑대에 걸어두고 말린다
골방에서 어둠을 사르며
언제 잊은 줄 모르는 그 환희 한 조각 위해 자판기
두드려보지만
빗나간 글자들만 내 망막에 비틀대고
잔가지에 어른대는 그림자만 눈길을 잡는다
이제는 발걸음마저 설렁설렁 흔들리는 것을
가슴속에 피는 향기 한줄기 저 꽃처럼 아름다울 수만
있다면
가만히 바라보는 눈동자에 세상은 아름답게 비추어질
것을
나는
오늘도 어제의 삶을 헹구고 있다

# 흔적

나무의 빈 자락에
시간들이 쌓인다
꿈틀대는 시간들의 넋
조용히 새겨지는 흔적들
몽당연필의 심처럼 남는다

어디서부터 새겨지는 것일까, 너의 그 본성
새겨지는 시간의 흔적들이 반짝인다
나이테로 새겨지는 그 삶의 무게

나무의 빈자리에
세월이 쌓인다
내 생의 무게도 저 나무같이
나이테를 충실히 새기게 될까

# 잊지는 말게

가을볕 알차거니
벼 벤 자리에 싹이 트는 푸른 계절
이미 지난 시절의 변환을 잠시 잊은 듯
논에는 봄이 움트고 있다
아직 설레는 가슴 남았거든
이 벼랑 끝에 서서 멀어져가는 시절을 보라
옷깃 여미며
잊지 않으마
내 살아 잃어버린 것 중에
너처럼 그렇게 철 잊은 적 있어
그게 후회의 묶음으로 내 목 걸고 넘어지는 것을
잊지는 말게

# 대숲

대밭 어딘가에서 곡기 끊은 부엉새가 울고 있다
사위는 칠칠한데 산자락 흔드는 서늘한 바람만 옷깃을
여미게 한다
조각달이 나뭇가지에 팔찌처럼 걸렸다
은사시나무는 으스스 흔들리고
그리움이 물안개같이 흩뿌리는 밤에
홀로 부대껴온 한 가닥 염원만
대숲을 흔들고 있다

저물녘 지친 마음 다 떨구어 버린 저 대나무들은
제 마음 붙잡지 못한 벌로
껍질은 더욱 파래지고
멍든 수피 감고 시름시름 앓고 있는
대숲이 으스스 몸을 떨고 있다
당신의 어깻죽지에 떨어진 잎사귀
그리움이 무당처럼 대나무 흔들 때
대숲은 벼랑같이 캄캄하다

# 그리움

그리움 펼쳐 볼까나
두틀두틀 얼룩진 고향 길 같은
더딘 마음만 푸르게 보일까

그리움은 우리가 함께 만드는 창문인 것

그 창문에서
너의 그림자는 신호등처럼 점멸漸滅되고
잊을 수 없는 삶의 늪지
그 물길만 고요히 바라보고

# 가랑비와 벼

가랑비가 내린다
손짓하듯 설렁설렁 이는 벼
물고랑도 한가롭다

가랑비 내린 논고랑에는
가끔씩 먹구름도 흘러가고
햇살이 얼룩처럼 번진다
푸르게 푸른 하늘이 빼꿈 얼굴 내밀고
나뭇가지처럼 후인 손을 흔들며
벼들은 바람 따라 컹컹 지져댄다

높지도 않는 자세로 그림자 지우며
벼들은 늘 함께 한다
모두가 아름답다
그 속에 나도 함께 한다
가랑비 오는 논둑길 따라
내 얼굴이 거꾸로 있다
산도 나무도 모두 곁에 누워 있다
나도 모르게 무심하게
서 있기나 한 듯
벼들은 촉촉히 내리는 가락에 젖고 있다

# 강물의 속삭임

햇볕 먹은 바위가
강변을 녹이고 있다
갈대는 제 속을 드러내고
파문 진 강물 따라 흐느끼듯
머리를 풀어 헤쳤다
다시는 감추지 못할
변명, 잔가지에 걸어두고 홀로

강물은
사락사락 죽어가는 흉내 내며
갈대 속을 채울 때
바위는
타들어가고 있다 안으로
안으로만 삭힐 수 있는 바위의 가슴에
강물은 속삭인다
"그 사랑 너무나 짧았다고"

# 갈대처럼

누구도 장담치 못할 말 한마디 뱉은 죄
힘없는 고독에 나를 맡기고 싶다
아무리 짙은 고독이 밀려와도
스스로 간직한 허물 다 털어버리고
하늘 향해 삿대질한들
까맣게 밀려드는 고독을 참기나 할까
제 속 다 비우고 빈 몸으로 흔들고 섰는 갈대
먹구름이 까맣게 밀려와서
흐늑흐늑 강바람 따라 춤을 추는
갈대는 제 속을 다 비어내고 저렇게
웃고 있는 것이 아닐까
나도 저 갈대처럼
내 속 다 비우고 웃을 수 있을까
오욕으로 꽉 찬 가슴속
오늘도 이렇게 비우기 흉내만 내고

# 연가

그리움을 사랑하노라
나팔꽃 하나가 불을 밝히는
그 불빛 따라 스미어 오는
유난히 맑은 하늘 아래 혼불처럼 피어나는
그대의 사랑 온통 밝히고
새벽 강에 부르튼 발 담구며
어스름 내리는 서산마루턱
하염없이 흘러가는 유성을 본다
내 찢겨진 그리움 한 톨
그대의 사랑으로 봉합하고
살포시 내미는 손에 나팔꽃 하나 꺾어든다
감추듯 미소 짓는 분홍꽃 얼굴
바람도 풀도 고개 숙이는
사랑아 이젠 너 곁으로
지친 몸을 눕히노라
우리가 하나의 나팔꽃이 되어
그 긴 그리움 삭힐 수만 있다면
메아리로 울려오는 사랑의 노래 부를 수 있다면

# 꽃 진자리에

태양을 탓하랴
날이 어두워지는 것을

아침에 머금은
핏빛 광휘 하나둘씩
스러져가는 저 밤하늘의 별빛처럼

뭇 벌레 울음 뒤에 새까맣게 밀려오는
그리움이 적막처럼 우두커니 서 있다

이제는 등잔불을 꺼야할 때
홀로 껌벅이는
그 불빛에 어리는 꽃 그림자만 바라본다

달빛 고즈넉한 뜨락에
살포시 내려앉은 고독에 어리어

하이얀 미닫이문 달빛 받아
희게 웃는 마당가 싸리꽃이 손짓한다

먼 산골짜기 따라 아침이 쉬이 찾아오면
꽃 진 그 자리에 이슬 머금었네

날이 어두워지면
꽃 진자리에 적막만 하얗게 이슬 맞고
지난 그리움 삭히고 있다

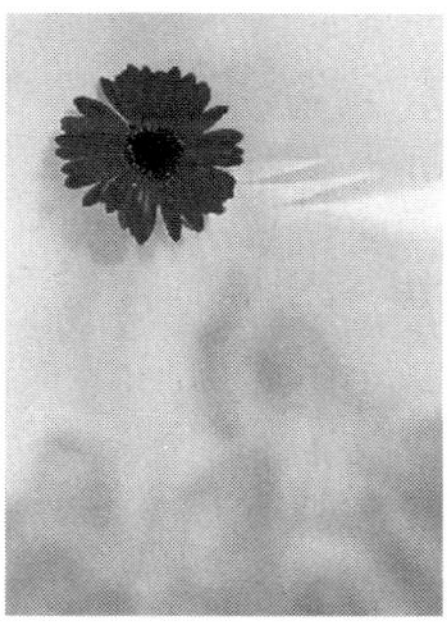

# 별이 되어

어제가 무겁게 내려 앉은 오늘
사랑을 아느냐고 너에게 물으면
꽃숭어리 가만히 잡아보는
하늘의 푸른 손을 놓치고 말겠네

사랑을 놓친 너의 마음 한가운데서
떨어지는 꽃 한 송이
홀로 외로울 제
오늘이 하얗게 바래지겠네

가슴속에 깊게 박힌
그리움의 뿌리에
내 영혼을 불어넣어도 좋으련만
내일은 푸른빛을 띠며 가만히 손짓하네

우리가 가는 그 순간까지
사랑의 메시지에 나는 한 마리 벌이 되어
너를 찾아갈 꿈속으로 빠져 들고
사랑이 쉬이 오지 않듯 네 그림자 되고 싶다

사랑을 아느냐고 나에게 물으면
오늘도 저 밤하늘의 별빛처럼
총총히 반짝이며 하늘 한가운데
별 되어 너를 바라보겠노라고
그렇게 꿈을 꾸겠어

# 지난 삶

댓돌 위에 가을이 고무신짝처럼
누군가를 기다리고 있다

감나무의 홍시도 이미 다 떨어져
빈가지만 흔들고 있는데
까치조차 기웃거리지 않는
끝서리 흐득흐득 성기는 잔가지에
늦가을이 살며시 앉았는데

산 그림자는 자주 내려와 선보이고
어두운 곳에 얼굴 묻은 나는 잠시
긴 호흡하며 그를 바라본다

그곳에 앞서 온
나를 보고 컹컹 짖을 것 같은
저 보슬보슬한 강아지처럼
내가 걸어온 길을
핥고 있는 나를 본다

# 은환

얇디 얇은 실비단 같은 눈 위에
일획을 꼭꼭 찍은 밤손님
손에 들려있는 것은 은환 하나
아침이 환하게 밝아온다

그의 길이 지척지척
짙은 농담 이루고 눈 사이로 뾰족 내민
하루의 서설은 내면을 온전히 드러낸다

흐득흐득 녹는 그 위의 발자취
숨기고 싶은 과거
너의 가슴에 또는 입술에 젖었던
뭉텅한 사랑이야기가 농담으로 퍼지고
소록소록 녹는 그리움 한 자락을 여민다

너의 가슴을 훔치고
너의 영혼마저 태운 채
밤손님처럼 녹아버린 나를
언제나 기다리고 있었다지
나는 그 은환의 의미를 새기고 있다

# 강과 눈

찰랑찰랑
물결 우에 쌓인 눈
옷을 벗고 있다

간밤에 소복 쌓인 눈
햇살 한 점에 사락사락 녹고 있다
두껍게 입었던 옷
한 겹 두 겹 벗어버리는
강과 눈
하나 위에 또 하나를 쌓는
동체의 몸으로 다시 태어나는 눈
비로소 자신을 완성한다

눈은 또 다시
강과 수평을 채우며
멀찍이 떨어져서
주섬주섬 다른 모습으로 갈아입고
강을 마중한다

그리하여
눈은 강과 함께 흘러
자신을 비우며 하나의 모습으로 살아난다

강둑 위의 눈
강물 따라 흘러가는 형제 바라보며
고적한 웃음 웃고 있다
자신의 몸을 버려
강둑에는 풀피리소리 유장하다

# 하얗게 바랜 밤

나무 그늘에 스민
버거운 잠의 하루
애 하나가 울고 있다

빈 들판에 나부끼는
그늘 밑에 촘촘히 찍힌 발자취
성큼 성큼
남겨놓고 개는 짓지 않는다

밤이 무거워 목이 쉰 채
짖었던 홀로인 개
어둠 속으로 사라지는 제 모습 보고 있다

나무 그늘에 스민
고단한 하루가 컹컹 짖어댈 때

보름달이
커다랗게 불끈 솟아
나무 그늘을 슬슬 가리고 있는 밤
하얗게 바랜 어둠이 스며든다

# 제 4 부

# 아지랑이

# 나무에 닮아

슬픔에 갇힌 것보다
빽 없는 직장 생활하는 것보다
체념에 빌붙는 것이 더 서러워
슬픈 눈을 내리깔고
서러운 마음에 물드는
아무 것이나 붙잡고
바람처럼 흔들리고 있는
나약한 나를
한시도 놓치지 못하는
현실이 나목처럼 아프게 한다

저 나뭇가지 봐라
이파리 털어버리고
저렇게 흔들거리고 있지 않는가
빽 없다고
체념에 빌붙을 일 아니다
나를 세워 이 슬픔 극복하는 것
슬픔에 갇혀 서러워 할 일 아닌 것을
아름답게 노래할 줄 알아야 하는 것
인연처럼 바로 저 나무 닮는 것은
우리의 삶이 게 있는 탓이다

# 가장 아름다운 사람을 위해

밤이 하얗게 말라가도
오지 않을 사람을 위해
불 꺼진 승강장에 서 있지 말라
기다림이 중용인 시대는 갔다
깊고 넓은 시간의 강을 건너려면
싸늘하게 식은 그대 가슴에
불을 지피고
오지 않을 사람을 찾아가야 한다
이젠 불 지피는 일은 끝났다
나락 같은 깊은 세월을
살펴볼 여유도 없이 마냥
깊고 깊은 그 강을 건너
가장 아름다운 사람을 위해
스스로 안겨오는 그날을 위해

# 지팡이

소슬한 생각의 끄트머리
단란하게 쏟아지는 햇볕
쨍하면서 울리는 금간 적막
하나둘씩 쌓여가는 세월의 늪지
고여 사서 찍는 나이테
하늘 아래 홀로 껌벅이는 사람들
마음 밖에서 서성이는
땡감처럼 익지 못한 젊은 날들
낱낱이 흩어져 가는
세월의 두께로 가득 채워진
누구나 바랄 수 없는
그 비목 헹가래 치며
서로에게 지팡이 같은 사람들

---

※ 비목 : 비목나무로 만든 지팡이

# 호롱불빛

산골의 호롱불빛
여기저기 흩트려져 피어 있는
박꽃을 닮아구나
지붕에 수북 쌓인 계절과
서늘하게 식은 달빛이 마당가에
싸락눈 같이 싸인 채
스스로 자신을 털어내고 있어
그리하여 남에게 먼 불빛이 된다는 것은
나는 오늘 하루도 쉬이 가지 못할
그곳에 마음 빼앗기고 있어

# 오는 봄

들판이 활활 타고 있는
강물이 분수처럼 솟구치는
하얗게 빛바랜 얼굴에서
계절의 냄새가 묻어온다

나락나락 춤추는 논에는
난실난실 피어오르는 산야에는
아지랑이처럼 고운
메아리가 지쳐오는
산골에 기를 쓰고
능선을 타오르는 저 참꽃들
환하게 길을 낸다

너무나 설움에 북받친 듯
꽃들은 온 들녘을 태우고
시냇물은 새들처럼 차랑차랑
고운 노래를 부르며
오는 봄에 젖어있다

## 배와 바다

새벽녘에 등잔불 켜고 바다로 나간다
가로등과 등잔불이
별빛처럼 깜박이는
포구에는 물결과 노략질하는 배
뭔가 깊은 생각에 잠긴 듯
비스듬히 선수를 까닥인다

그렇게 바다는
그의 자궁 속으로 배를 밀어 넣고
깔깔 웃고 있다
가만히 지켜보는 낯선 사내
푸른 등어리가 흰 바다를 들고
잠꼬대를 한다 상기된 채로

나는 늘
떠나가는 뜨락의 낙엽이 되고
울타리 밖에는 몸 낮춘 바다가
사내들의 장난기에 몸살하고

언젠지 모르게 사립문 열리면
실없는 사내 하나가
선창에서 웃고 있다

# 아지랑이

스륵스륵
아지랑이 감돌 듯
메아리쳐 오는 산골
볼수록 너의 얼굴은
별빛처럼 반짝여라

풀피리 불며불며
나뭇가지에 걸린 은환
손목에 걸치고 어린 날
꿈 다시 새겨보는 밤

봄 들녘에
파릇파릇 피는 꿈
허기 달래며
계절의 냄새 맡고
힘껏 달려보아라

깊은 가난의 골짝
스며들어

아무 것도 없는
홀로 깜박이는
호롱불이고 싶다

스륵스륵 아지랑이
꽃술에 취해
들판의 꽃들 환하게 웃고 있다

# 한 목숨

눈썰미 환한 길 따라
흐늑흐늑 걸어오면

햇살에 젖은 하루를
물끄러미 바라보는

한 목숨 푸름에 젖어
날개깃 치는 저 깊고 높은

빛살 털어내는
나목의 나직한 흔들림

스스로 씈어내는
가슴에 젖은 강물같이

한 목숨 시냇물처럼
찰랑찰랑 넘쳐나는 저 심연의 깊이만치

# 분수

말없이 젖고 있는
스스로 솟아야 자신 비울 수 있는
고웁게 솟구치는 빛살들의 군무
갈대처럼 흔들리며 제 속 비우고 있다

늠실늠실
눈가에 스치듯 어리는
하지 않으면 할 수 없는 지난 일
감실감실 휘돌려온다

코피 붉은 향기
두 손으로 문지르며
밤처럼 고요한 대낮에
스스로 젖고 있는 분수

# 외가 가던 길

논 밭둑 따라 메뚜기 잡으며
울먹이며 넘었던 외갓집 고갯길

흰쌀밥 한 고봉이 그리워서
누구도 반기는 이 없는 그 길을
코물 훌쩍이며 넘었다

어떤 때는 이종형 따라 가고
내 집이 싫어서 그냥 갔던 그 길
언제나 빈 몸으로 서러웠던 철부지

철들어 생각하니 그게 그리움이라는 사실
오늘도 그 길 따라 걸어보지만
내 가슴에 남아 있는 것은
한낱 부서져 버린 꿈인 것을
고추잠자리 바지랑대 끝에 걸렸다

# 바람 불면

바람 불면 나에게로 오는
꽃처럼 아름다운 너의 얼굴
나뭇가지에 걸린
은환
너의 가슴속에 반듯하게 새겨
하나의 미소가 되고 파서
먼 그리움 몰고 올 언덕에서 서성인다

바람 불면 너에게로 가는
그리움에 가슴 저미는 너의 모습
나뭇가지에 걸린
흔들리는 웃음들
슬며시 젖어드는 이 열정
노을 저무는 강가에서 갈대처럼 속을 비우고

바람 불면
제 속까지 뱉어내는 붉은 그리움에
개똥벌레처럼 불을 밝힌다

# 소낙비

꼿꼿하게 선 채 포도를 가르는
젖은 소낙비
설렁설렁 흔드는 바람에도
곧게 쏟아지는 눈물
소용돌이치는 세상의 이치
가슴에 두 손 포개고 고이 젖고

물방울 튕기며 세차게 지나가는 자동차
까불며 흔들거리고 있는 나뭇가지
모두 소낙비에 젖고 있는 것을
세상은 이처럼 모두 젖고 있다

너의 가슴속에 고인
빗방울, 한숨 섞인 그리움마저
소낙비는 녹이고 있다

# 사랑하다가

가끔씩
아주 조금씩
사랑하다가 비어두고
그러다가 가끔씩 서럽게
빈손으로 하얗게 피어나는 꽃송이
살며시 묵념하는 것처럼 우러르다가

세차게 휘몰아치는 소낙비 발목 묶는
아주 가까운 곳,
아무리 세워도 바로 서지 않는 무르팍
흐늑흐늑 바람에 무너지는
나를 세우려 그리워하다가

어느덧
살짝 내 빈손에 가 닿아
사랑의 길 먼데 있어
네가 내 곁이 아님을
알게 되어도

독창문 꼭 닫아 건 창으로
얼비치는 너의 얼굴에 흐르는
소낙비 같은 우수 지켜 보노라면
내 몸 어딘가에
조금씩
조금씩 스스로
아주 느리게 그리워하다가
이내 사그라질 때까지
굳은 손으로나마
너를 빌고 있으마
아주 느리게 조금씩

# 너의 길에

이 등잔불은
어둠을 삭히는 별빛이다

멀어져 갈수록 더욱 그리워지는
네가 오는 소리다
밤길을 밝히는 등불이다

지금은
서러워해서는 아니된다
스스로 비워두고 네가 오길 기다릴 때다

별이 나를 내려다 보듯
네가 별과 마주보며
나뭇잎이 지고 어둠이 스며들어
네가 오는 길을 내듯이
멀리에서
또 가까이서 너를 반기마

# 별빛 총총한 밤에

나뭇가지에 이지러진 달 걸렸다
뜰에 내려앉은 병아리 같은 은파
콩콩 뛰며 어둠을 쪼고 있다
슬며시 내려다보는 잠깬 새들도
빙그레 미소 띤다

은환이 유성처럼 쏟아지고
달빛에서 가을바람을 느끼듯이
뭔가 허전한 마음 앞서기도 하더니
오늘 밤에는 별빛 총총하다

별빛 쏟아지는 뜨락에
그리운 손님처럼 살며시
창가에 서서 비단결같이 흐르는
청정한 밤의 가락을 듣고 있다

어둠 사이로 스며드는
고개 내미는 반가운 얼굴 응시하고
창밖에 고즈넉한
축수의 밤이 내리고
하늘 말갛게 물들다

# 내 가슴은

시냇물이 혼자서
육자배기 읊고 있다
카랑카랑 산골짜기 울린다

산사에 깊고 넓게 퍼진 가락 따라
메아리가 지쳐오고
여력 없는 기분이 되어
나무의 발밑 간질이고 있다

하늘은 매우 고운데
정녕 가슴 왜 이렇게
울렁 거리는지?

# 숲속 환하게

가물거리는 햇살
나뭇가지에 새떼처럼 앉았다
하루의 희열이
풍선같이 뜬다

흔들어라, 바람아
저 햇살 보게
어둔 골짜기를 스륵스륵 비추는
이미 벗어 버린 추억의 언저리로
환하게 숲속을 밝힌다

# 제 5 부

# 고향 길

# 빈 뜨락

총칼 든 병정처럼 늘어선 포도엔
먼저 젖고 간 바람만
적막 깨우고 있다

언제나 훑고 사라지는 짧으나 긴 세월 속에
나를 묶어두고 저 포도에 진 낙엽 밟으며
뜨락에 우수처럼 서 있는 나목을 본다

자신의 무게 하나
오롯이 세우기 위해
작으나 큰 힘으로 버팀목 되어
내일을 쓸어내리고 있다

# 꼭꼭 채워야 한다

세상의 이치란
장롱 속에 숨겨둔 낡은 옷가지 같은 것
잊어버리고 산다는 것이
그처럼 좋은 것을
그 옷 발견했을 때의 환희를 위해

나는 오늘도 내 마음 속에
낡은 옷이든 흘러간 시간들이건 상관치 않고
꼭꼭 채우고 있다
훗날에 무엇이 될 것을 생각 말자
하루를 채우는 일은
이슬 머금고 피어오르는 꽃숭어리
가끔씩 쓸어 담는 소소한 일상
꼭꼭 채워야 한다

# 그리워하며

추락하는 것이 어디 낙엽뿐이랴
우리의 인생도 저물어 가는 해 같은 것
흩어지고 말며 그만이지만
그 흩어짐을 안타까워 하는 것은
우리의 또 다른 소망이기에
해가 지고 달이 뜨는 밤에
홀로 부대껴온 시간 더듬어보면
나뭇가지에 걸린 은파처럼
반짝이는 것은 있으리라

사라지는 것이 어디 세월뿐이랴
이 세상에 영원히 존재할 수 없는 것을
오직 하나둘 미세하게 이어져 온 것 뿐
하나하나 토막내어 들여다 보면
서로서로 인연 맺고
정을 고리로
자신을 태우고 있는 것 보게 되리라

# 갯바위

사랑하고 싶을 때나
그리움이 몰려 올 때,
햇빛 젖은 갯바위에 서서 옷을 벗는다
벼랑 끝 해송 가지마다 마음 걸어두고
수평선으로 사라지는 의미 깊은 배에게
손짓하며 날아보고 싶다

마음의 옷
동백꽃처럼 붉게 피면
갯바위 두드리는 파도
그 파도에 마음 실어 보내고
빈 몸으로 노을에 젖어 드러눕는 그림자
무겁게 끌려온 몸 갯바위에 부려놓고
갈매기처럼 날아보고 싶은 충동

# 나의 빛깔

물속에는 그만의 빛깔이 있다
굴절된 햇살의 생성 운동
그 속에 또 다른 빛이 있어
자신의 몸 허물어 빛을 내는
야광충처럼
그들만의 색채가 있다
이 세상 누구에게도 없는 제만의 빛으로
물속을 투사한다

욕심을 뱉어내고 돌아서면
사방에서 소리치는 또 다른 내가
안개처럼 둥둥 뜨는 꿈을 꾼다
가벼워야할 몸마저 뒤뚱거려
심해 속으로 잠식한다

이 세상에 와서
가진 것 다 돌려주고
조금 조금씩 소멸해 갈 수 있다면
심해 언저리, 그 빛 반짝일 수 있으려만
이렇게

가슴이 무거워 오는 것을
나는 과연 무슨 빛깔로
이 세상을 알리게 될까

돌아가리라
빈 몸으로 이른 아침에
찢겨진 몸 거두고
한 알의 사리도 남기지 않고 홀연히
돌아가리라, 마지막 빛 반짝이고

# 비가 내린다

숭숭한 돌담으로 새는
무수한 언어의 유희
서글픈 잠속에
고스란히 털어버린 거대한 활강
비가 내린다
뚝뚝 떨어지는
잠속의 언어들
짙은 어둠이 덮어오면
꿈에 취해 깨어보면
좁쌀처럼 천정에 번진
어쩌면 그녀의 눈동자 같은
어쩌면 그녀의 미소 같은
무늬의 빗살

비가 내린다
내 잠속의 무늬 진 빗살
나뭇가지 흔들어 깨우는
청정한 숲속의 언어들
어둡게 나부끼는
잃어버린 심층의 낱말들을

하나하나 쪼고 있는
설익은 풋감처럼
푸르스름한 빛깔

비가 내린다
하루의 고단한 몸 눕히고
유리잔 속에 고인 피로를 씻는다

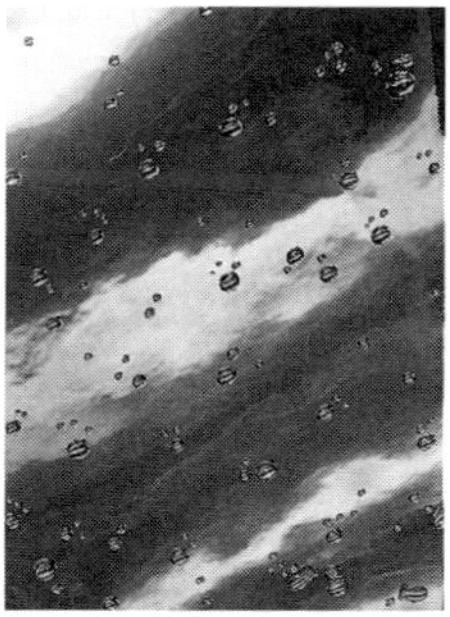

# 바람

막다른 골목에서
사랑이 피워난다
사랑은 컴컴한 어둠속의 불빛

숨 막히는 세상 일
아무리 흔들어도
벼랑 같은 적막감
불쏘시개 잃은 불처럼
조용히 사라지고 말 서러운 삶

이 세상 어디선가
화살 하나가 가슴에 박히면
나는 누군가와 사랑을 꿈꾸게 되고
자욱한 안개가 걷히듯
어둠은 사라지고 나는 잠시 숨을 고르며
흘러간 세월의 불빛 두 손으로 감싸 쥐리라
막다른 골목길에 훑고 갈
세월의 바람이 불고 있다

# 고향 길

통영에서 덕치까지
고독한 곡선을 따라
가랑비가 내린다
영상 5도의 포근함처럼
훈기나는 포도 위에
따스한 몸을 실고 달리는 자동차
창밖을 내다보는 아가의 눈동자
하늘이 해맑게 눈웃음 치고 있다
회색빛 구름 사이로 얼비치는 비취빛 여울
잔가지 우에 내리는 비
떼지어 날아가는 새들처럼
길목마다 차곡차곡 개기고 있는
어쩌면 비어두고 말
빈 몸으로 가는 고향 길
반도의 화기 머금은 아랫도리를
어루만지듯 가랑비가 내린다

---

※ 덕치 : 통영시 도산면 소재의 농촌마을

# 홍시감

가랑비에 젖은 가랑잎
하나둘 포도를 적신다
언제나 놓고 간 그 시절의 이야기
훤한 하늘에 싸락싸락 내린다
계절이 묵고 간 자리에
사랑한 그녀의 마음 한줌
헛뿌리며 나는 길을 간다

빨갛게 상기된 감처럼
눈웃음치는 너의 얼굴
흐늑흐늑 바라보며
달콤한 과육을 생각한다
속살 드러낸 내 마음은
잔가지 우에 걸려서
찬서리 수북 맞고
너를 생각하며 빨갛게 익어간다

# 섬

바다가 섬을 낳았다
갯바위를 감미롭게 쓰다듬다가
때론 독수리 발톱으로 할퀴다가
섬은 그렇게 제가 혼자 남는 것을
고비사막의 신기루처럼 잊어갔다
아직 뭍을 벗어나지 않았을 때
햇살에 자신을 물들이고
기슭에 나무와 꽃들을 피웠던 시절
어느 날 문득 멀어져 왔다는 사실을
그리하여
자신을 되돌아보며
흐늑흐늑 울음 섞인 목소리로
추억담 쏟아 놓고 있다

## 분노

분수처럼 솟구치는
이 캄캄한 분노
어이하여 나는 삭히지 못하는가

별빛 총총한 밤하늘 바라보며
싸락싸락 내리는 은환
나직이 속삭이는 벌레들의
숨은 이야기 듣지 못하는가

이 무늬 진 시간들
어둠 감고 흐늑흐늑
소리치며 멀어져간 꿈들을
살며시 붙잡지 못하는가

늘 깨어 있는 한 방울의
이슬처럼 숲속 가득 채우고
반짝이는 동화 같은 이야길
나는 말하지 못하는가

언제나 사랑했노라고
저 나무들처럼 상처 품고
가슴으로 말하지 못하는가

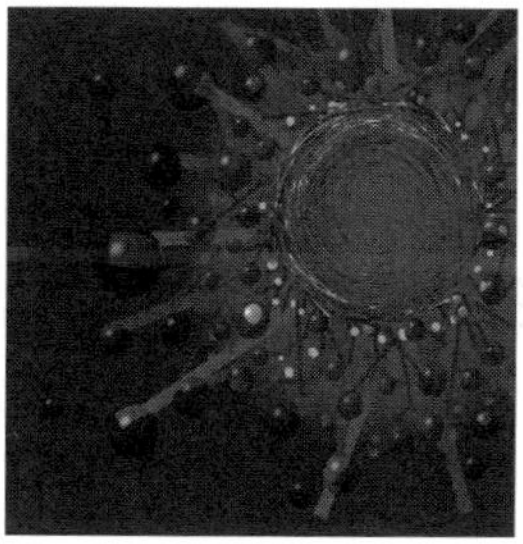

# 사무실에서

나는 무엇 때문에 여기에 있는가
빈 몸을 끄덕거리며 사무실에 앉아서
더러는 아는 것도 모르는 척 입 막고
하늘 바라보며 중얼거려보지만
강물처럼 흘러가는 시간 속의 나를
발견하고 흐득흐득 걷는다

나는 무엇 때문에 여기에 있는가
어둑어둑한 나뭇가지에 바람이 와 잠들어
내 마음도 잠이 들고
이제 내가 무엇이 되어 여기에 남아
깊은 밤을 돌아다보면 더욱 깊어서
어둠은 저 홀로 나무와 산새를 재우고
나는 강물처럼 흘러간다

## 나는 전쟁 중

나는 전쟁 중이다
머리와 가슴으로 치르는
세끼 밥을 위해
그리움을 위해
시를 위해서
꺾을 수 없는 소수의 전체를
두 손으로 거머쥘 그물을 던진다

지금 나는 투망 중이다
하느님의 거대한 낚싯줄에 걸릴
회피를 위해서
창피를 위해서
죽음까지도 순화 시킬 세상의 큰 뜻을
버거운 두 손으로 거머쥐려고 한다

# 너로 하여

난 별이 되어 기다린다, 너로 하여
아, 어둠조차 사르며 끝없이 열린 하늘
가끔씩 불꽃처럼 솟아올랐던
하늘 끝 우주가 열리고
스스로 매달았던 하나 뿐인 희망과
찬서리에 웅크린 나의 소심했던 마음

작은 흔적에도 흔들리는 별빛
기억 넘어 서러움마저 흩고 나면
하나가 아닌 둘을 채워야하는
나의 마음은 우두커니 서서
지난날 따스했던 손결의 그리움
그 하나에 스스로 옭매어진 언저리를

그리움마저 휩쓸고 간 빈자리에
상처 품고 좌불한 선승 같은 나무
너로 하여 난 가슴을 열어놓고
오늘도 늦은 아침을 먹는다
거기에 또 하나의 섬을 이루고 있는지를
소실점 잃은 지연紙鳶처럼 사라질
너의 빈 가슴을 어르고 말 것인지

# 길도 아닌 길 위에

어느 날 아무도 몰래
갯바위에 서 있으며
내가 아닌 너의 모습이
길도 아닌 길 위에 서 있는 것처럼
암울할 때가 있다
짠 갯내를 끌고 와
밥상 앞에 앉혀놓고
늠실거리는 파도 안주 삼아
쫠쫠거리는 파도의 노래에
익어가는 밤의 노을을
음률처럼 듣는다
어느 날 아무도 몰래 갯바위에 서 있으며
내가 아닌 너의 모습이 길도 아닌 길 위에
나무처럼 서 있다

# 할아버지

어둠이 물구나무서면
할배는 산자락을 올랐다
조각달이 할배의 무르팍 적실 때면
혼이 서린 도끼날이 산을 울렸다
할배의 밥상에는 늘 안도의 한숨이
고즈넉 젖어있고 맹물 같은 하루가
고랑창으로 흘러갈 때면
나는 빈병에 꿈을 넣어 할배에게 드렸다
길도 아닌 길을 가는
어둠 따라 가는 길을
가족의 안녕을 위해
도끼날을 세워야 했다
바람마저 머물다가 간 솔밭에는
한숨 젖은 은환만이 긴 그림자 드리우면
할배의 도끼날은 바람을 갈랐다
지고 온 허기 풀어 놓고
땀에 젖은 한숨을 훑치고
쿨럭이는 육신마저 뱉어내며
멀찍이서
부엉이 울음소리가 쭈그리고 앉은

산길 따라 할배는 하산을 하셨지
평생을 두고 온
세월이 서럽다고
뜸부기 울음이 솔밭을 다 적신다고
할배는 그렇게
좌정하셨다

# 또 다른 길

길과 길이 푸르게 뚫린
해맑은 웃음보다 더 고운
그 길 따라 젖은 듯
바람 오면 나의 어릴 적
그 아련한 꿈이 온다

매듭진 옷고름 풀듯
기나긴 삶의 무게 휜 등어리
꼿꼿이 세워 푸르듯 푸른
세월의 언저리에 매인 또 하나의 꿈
거기에 젊음이 온다

하루의 일상을 밥상 앞에 앉혀 놓고
그 언덕 넘지 못한 사연
달빛에 추렴하며
하나둘 피어날 꿈을 그린다

거미줄에 그 길 걸려
나비처럼 날지 못한 한恨
죽지 꺾인 언약들만 날아가고

빈 몸으로 하루를 열어
그 길 서럽게 다시 걸어
올올이 배인 허드레 여정
또 다른 길 환하게 열린다

# 감동의 일상성과 예감叡感의 시학
## - 제왕국의 눈부신 감성과 순수서정

엄 창 섭(관동대 교수 · 아세아문예 주간)

### 1. 감성과 순수서정의 에스프리

『푸른 꽃』의 저자인 노발리스(Novalis)가 "철학이란 본래 향수요, 어디에서나 고향을 만들려는 하나의 충동이라."고 언급하였듯이, 인간은 지속적인 물음(logos)을 통해 자신의 고독한 실존을 명증하는 존재이다. 암울한 현상으로 절망의 끝이 보이지 않는 시간대에 공직에 몸담고 있는 제왕국諸王國 시인이 『문학세대』를 통해 등단한 이후, '삶의 흔적'과도 같은 첫 시집 『나의 빛깔』(홍익출판, 2009)을 상재한 생산적 행위는, 감성과 순수의 서정으로 빚어낸 생명의 재창조이기에 우리의 정신세계를 정화시키는 에스프리에 해당된다.

본질적으로 정신적 집산 물에 해당하는 그의 시집 〈自序〉에서 "누구에게나 자기만의 빛깔, 냄새가 있다. 나는 이제껏 어떤 빛깔로 여기까지 흘러왔을까? 늘 뭔가를 동경하는 눈짓의 빛깔로 살아왔을까? 이젠 누군가의 등을 긁어주고, 버팀목이 되어주는 그런 소박한 마음으로 눈부신 햇살 한 점 가슴속에 소중하게 간직하며 그렇게 살고 싶다."라고 천명한 것처럼, 감동의 일상성과 예감에 잠식蠶食된 시학으로 생명경외生命敬畏의 존엄성을 절박하게 노래한 그만의 시편이기에 정갈한 아침식탁에서 대하는 이미지의 형상화는 충직한 독자들의 관심과 시선을 끌기에 부족함이 없다. 이처럼 일관된 삶을 정신작업으로 변형시키기에 몰두하는 제왕국 시인의 정제淨濟된 언어의 편린은 이 단절의 계절임에도 거부감 없이 구속으로부터의 자유로운 이탈의 여유로움이기에 한순간의 감동과 미감으로 해석되어진다.

이와 같이 연유야 어떠하든 다망한 삶의 황혼기를 열정으로 영혼의 피폐함을 정화시키기 위하여 불투명한 일상이지만, 파상되는 갈등과 전율 앞에 고뇌하면서 올곧게 인식의 통로를 거쳐 자연의 생동감 있는 숨소리로 변주시킨 그만의 집념은 따뜻한 경이로움마저 안겨주는 힘을 지닌다.

질박하고 정직한 그만의 시적 형상화는 잠든 영혼을 흔들어 다시금 눈 뜨게 하는 소통의 도구로서 빛나는 정신

행위에 해당한다. 식물성 언어에 의해 서정성이 내재된, 제왕국 시인의 시편에서 드러나는 초조와 불안의식의 발화發火는 공감각적인 서정의 표현이다. 따라서 그의 시적 형상화는 격랑의 시간대를 걸친 내면인식에 깊이와 중량감을 더하고 있다. 평자의 사적 견해이지만 그의 시편에서 문학성의 깊이를 확증하려는 의중은, 인간소외의 문제를 온 몸으로 항변하다가 홀로 있기(思惟)와 직면하는 대상과의 관조를 위한 자연(physis)과 연계되는 현존재(Dasein)이기에, 반복되는 물음을 통해 삶의 본질이 집착의 결과로 인식되는 오해는 결코 없어야 할 것이다.

인간소외의 문제에서 비롯된 상실된 자아를 치유하려는 그만의 엄숙한 작업을 응시하면 결코 긴장감을 늦추지 않을 수 없다. 특히 예언자적 시인이라면, 모국어에 대한 애정이 그려진 폴란드 센케이비치의 단편 「등대지기」의 키워드를 배경지식(schema)으로 기억 흔적에 담아둘 일이다. 이 같은 연유로 제왕국 시인은 자신의 시집 『나의 빛깔』을 통해 최소한 우리말을 갈고 닦는 민족의 정체성(identity)을 소중하게 절감하며, 시인의 시대적 소임을 수행하려는 의지와 고뇌가 자리해 있다. 차지에 손금을 확인하듯 그의 시편을 총체적으로 검색하여 시적 의미망을 확인하려는 실험적 접근은 반복되어야 할 항목이다.

가지에서 추락하는 낙엽/ 제 살이 아닌/ 타인의 살//
나무는 언제나/ 제 살 도려내는 연습을 한다//
나무와 이파리는/ 맺을 수 없는 친구가 되어/ 먼 훗날을 약속한다//

-〈낙엽은 내 몸이 아닌 것〉에서

이처럼 제왕국 시인은 "나무는 언제나/ 제 살 도려내는 연습을 한다"라고 형상화하면서 '나뭇잎이 뿌리로 돌아가는 자연의 이법'을 가식과 가감이 없는 율조律調로 담담히 풀어내고 있다. 그러면서도 "이제 내가 무엇이 되어 여기에 남아/ 깊은 밤을 돌아다보면 더욱 깊어서/ 어둠은 저 홀로 나무와 산새를 재우고/ 나는 강물처럼 흘러간다(사무실에서)"라는 독백과 같은 시적 형상화를 통하여 그는 의도적으로 한국적 서정의 토양에서 '울음'이나 서양의 의식 구조인 '노래'로 시어를 선별하지 아니하고 적요의 어둠을 '산새를 재우는' 시적 형사形似로 담백하게 처리하고 있다. 그러나 자명한 것은 유추와 시적 상상력의 확장으로 하여금, 마치 창밖의 흔들리는 풍경(물상) 보다 확연하게 그 실상을 명증하는 투시적 효과와 긴장 뒤의 안도감을 안겨주는 반응, 그리고 분망한 우리네 삶에서 '강물처럼 흐름'의 사유를 일깨우는 그의 시사詩史는 미적주권의 확장으로 거대한 성채城砦처럼 이채롭게 평가 되어지는 점이다.

## 2. 시적 상상력과 파상破狀의 언어

포용성의 시각, 보편성의 어우름이 토속적 향수와 신비한 자연성의 마력에 이끌려 "은사시나무는 으스스 흔들리고/ 그리움이 물안개같이 흩뿌리는 밤에/ 홀로 부대껴온 한 가닥 염원만/ 대숲을 흔들고 있다(대숲)"처럼 대숲에서 발견한 시의 정령이 된다. 자연이 주는 신비성이 강한 생명력과 묘사성이 강한 사물 론으로 성장하고, 사회화된 인간성 속에서 자연을 초극하려는 종교성으로 점차 이행된다. 그렇다. "떫은 감정 스스로 얽어매고/ 갈대처럼 속을 비우고 사는 듯/ 그렇게 세상의 의미를/ 깨달아 가는 것을(세상, 의미도 모른 체)" 제왕국 시인은 비움(空)의 생리(道)를 통해 시인의 방황의 첫걸음인 자연과 인간, 사회와 자아의 비탈길에서 삶의 도리를 일상적인 해법으로 풀어내려 하고 있다.

따뜻한 감성과 주지의 소유자인 제왕국 시인의 시의 방향은 종교적으로 회향한다. 특히 기억 흔적에 깊이 각인된 문신처럼 우리 민족의 정서에 녹아 있는 〈보리밭길〉을 소재로 하여 "달빛 젖은 공터에는/ 가지 늘어뜨린 나무들만 기웃거리고/ 홀로 서성이는 그림자처럼/ 빈 가슴에 잠시 훑고 지나가는 그리움/ 맡겨둔 사랑을 끄집어낸다"라는 발상은 지울 수 없는 귀소심리歸巢心理의 적극적인 유추의 보기이다. 그러나 모두 버릴 수 없는 자연 속의 신비성을 이해하고 사회적 번민과 극복을 신비주의로 특징 있게 시적 기교로 처리되고 있을 뿐 아니라, 토속적 감성주의로 조화롭게 처리되어 마침내 그의 표제 시 〈나의 빛깔〉에서 확증되는 것이다.

> 물속에는 그만의 빛깔이 있다/ 굴절된 햇살의 생성 운동/ 그 속에 또 다른 빛이 있어/ 자신의 몸 허물어 빛을 내는/ 야광충처럼/ 그들만의 색채가 있다/ 이 세상 누구에게/ 없는 제만의 빛으로/ 물속을 투사한다//
>
> 욕심을 뱉어내고 돌아서면/ 사방에서 소리치는 또 다른 내가/ 안개처럼 둥둥 뜨는 꿈을 꾼다/ 가벼워야할 몸마저 뒤뚱거려/ 심해 속으로 잠식한다//
>
> 이 세상에 와서/ 가진 것 다 돌려주고/ 조금 조금씩 소멸해 갈 수 있다면/ 심해 언저리, 그 빛 반짝일 수 있으련만/ 이렇게//
>
> -〈나의 빛깔〉 전문

인용한 시는 시적 상상력에 의한 가시적인 대상이지만, 끝 연에서 제시한 "이 세상에 와서/ 가진 것 다 돌려주고/ 조금 조금씩 소멸해 갈 수 있다면/ 심해 언저리, 그 빛 반짝일 수 있으련만/ 이렇게"라는 성찰省察에서 비롯되는 언어적 발화성은 "가시적인 것은 소멸된다."는 사실주의의 시인인 라아킨의 발상에서 출발한 자등명자귀의自燈明自歸依의 원리적 접근이요, 이해에 해당된다.

이처럼 독자적인 삶의 의미, 자아의 완성이란, 자신만의 색채, 느낌, 냄새를 뿜어내고 과시하는데 있는 것이 아니라, 지속적인 비움과 버림의 반복에 있는 비움의 철학, 미끄러짐의 시학에 있음을 그는 모국어의 속살을 통해 묵언默言으로 '이렇게' 항변하고 있다. 여기서 제왕국 시인의 시적 다양성을 확인하기 위하여 '길을 소재로 한 몇 편의 시'에 대한 검색을 시도하여 보기로 한다.

보편적으로 길에 대한 현상학에 관한 해석이라면, 화자의 내면인식에 잠식된 만큼의 인식과 짐작할 수 있을 만큼의 상상력이 검색되어 때로는 기웃거리며 공감되고, 시적 분위기에 풀어져 공감될 따름이다. 혹여 다른 평자에 의해 독자들과의 시 해석에 틈새가 있다면 그의 시에 대한 이해와 선험적 지혜, 상상력 등의 통합적인 폭과 깊이, 그리고 다양성에 기인된 차별화일 것이다.

> 흰쌀밥 한 고봉이 그리워서/ 누구도 반기는 이 없는 그 길을/ 코물 훌쩍이며 넘었다//
>
> - 〈외가 가던 길〉에서

> 어느 날 아무도 몰래 갯바위에 서 있으며/ 내가 아닌 너의 모습이 길도 아닌 길 위에/ 나무처럼 서 있다//
>
> - 〈길도 아닌 길 위에〉에서

> 길과 길이 푸르게 뚫린/ 해맑은 웃음보다 더 고운/ 그 길 따라 젖은 듯/ 바람 오면 나의 어릴 적/ 꿈이 온다//
>
> - 〈또 다른 길〉에서

이와 같이 소재나 대상이 어떠하던 한편의 시 쓰기란, 삶의 다양한 소재의 선택과 세계의 만남에서 깨어남을 계기로 지속적인 변형을 추구하는 작업이다. "지금은/ 서러워해서는 아니 된다/ 스스로 비워두고 네 가 오길 기다릴 때다(너의 길〉에서)", "어쩌면 비어두고 말/ 빈 몸으로 가는 고향 길/ 반도의 화기 머금은 아랫도리를/ 어루만지듯 가랑비가 내린다(고향 길)"에서처럼 시적 형상화를 위해 낯선 물상과의 접목이나 감내하기 힘겨운 현상과도 직면하지만, 나약한 패배감와 두려움, 현실 안주는 결코 허락할 수 없다. 그 까닭은 질서의 회복을 위해 앙양된 심리상태를 유지해야 하기 때문이다. 다만 길의 형상화는 심상에 닿아 있는 통로이다. 이미 그 자신의 시가 수용하고 있는 실경實景들 중 많은 부분이 충직한 독자들의 심상 속에 고스란히 투사되어 '유년의 추억, 그리움' 등으로 작용한다.

그의 시에서 정신적 산물로 생성된 여러 심상心象들은 '현실' 그대로의 현상이지만, 다시 이것은 보다 확장되고 변형되어 "인간에게는 날개가 없지만, 욕망으로 인하여 날 수 있다."는 바슐라르의 시학처럼 제왕국의 길은 결국은 〈또 다른 길〉에서 확인되듯 꿈과 잇닿아 있다. 이 같은 시적 형상들은 새로운 이미지의 확장으로 변형되어 공감대를 형성하고 슬픈 조선인의 얼굴처럼 암울한 그림자를 드리우기도 한다.

비교적 그의 시에서 애매 모호성이나 패스타쉬라는 수

사 기법은 비교적 사용되지 않지만, 기억 흔적에 남아 있는 길이 "기쁨, 슬픔, 행복과 불행을 비감내하는 길"이거나 또 하나의 길은 "보이지 않는 바람" 같은 무상, 무념의 길이다. 그러나 다른 측면에 있어 두 길의 양상은 자신의 삶을 극명하게 암시한 것으로, 정신과 육체, 이상과 현실에서 겪는 모순·갈등이거나 심안心眼을 밝히는 의미로도 풀이할 수 있다.

따라서 길은 곧, 삶의 무게로 현주소이며 둥지고 무덤에 견주어지고, 마침내 그의 시에서 중심축으로 작용하는 또 하나의 인자因子로 현상이며 관념으로 작용한다. 여기서 길(공간, 처소)이 관념으로 작용할 때 곧장 마음의 통로로 변형한다. 다시 언급하면 '길이 바람이다'라는 역설逆說이 때로는 바람과 몽타주 되면서 마음의 이미지를 해명하기에 길은 지리학적 개체가 아닌 화자의 마음을 관통하는 매개이다.

일단, 여기서 제왕국 시인의 몇 편의 시를 통해 확인되듯이 "비 그친 산사 계곡/ 말갛게 햇살 드는 양지에 앉아 / 나무처럼 흔들려본다 (바람 따라)", "바람 불면/ 제 속까지 뱉어내는 붉은 그리움에/ 개똥벌레처럼 불을 밝힌다 (바람 불면)", "자욱한 안개가 걷히듯/ 어둠은 사라지고 나는 잠시 숨을 고르며/ 흘러간 세월의 불빛을 두 손으로 감싸 쥐리라/ 막다른 골목길에 훑고 갈/ 세월의 바람이 불고 있다 (바람)" 그에게 있어 '길은 마음이고, 또 바람' 일 뿐이다. 마치 그것은 "갈 곳 없는 방랑자의 키를 잡아

때로는 노을 속 젊은 여인 눈물의 추억을 만들어 주기도 하지만, 실체를 파악할 수 없는 바람을 "어디서부터 새겨지는 것일까, 너의 그 본성/ 새겨지는 시간의 흔적들이 반짝인다/ 나이테로 새겨지는 그 삶의 무게(흔적)" 회화적 수법으로 처리한 시적 기법은 가히 절창絕唱이다.

문학은 자기실천(Do It Yourself)의 원리가 기본 틀을 구성하도록 설계되어야 한다. 특히 제왕국 시인은 우리의 기대를 저버리지 아니하고, 동물적이거나 금속성 언어를 사용하지 아니하고 비교적 식물성인 푸른 언어를 시어로 폭넓게 조탁하고 선택하고 있다. 때문에 일상적 체험을 통해 감동을 회복시켜주는 그의 시는 감성과 서정으로 빛나고 있다. 따라서 그의 시는 긴장미나 응축성이 언어 자체에 내재된 모든 표현의 자질들과 발화상황, 어조, 언어의 조직방식이 동등한 자격으로 작용하기에 긴장된 갈등관계마저 정화시켜 주고 있다. 때로는 조화되면서 '의미하는 것'이 아니라 '존재하도록' 만들기 때문에 '잘 빚어진 항아리'와도 같다. 그에게 내면인식의 이분법적인 갈등과 모순, 자잘한 기억의 흔적(Trauma)은 쉽게 털어버릴 수 없을 뿐더러 시에 내재되어 풀어져 있는 자아성찰과 역동성은 즉물적 현상과도 관계성을 유지하고 있다.

시의 다양성을 추구하며 시에 대한 열망으로 밤잠을 설치는 그만의 미적 공유의식은 '편 가르기나 대립 갈등의 구조가 아니라, 화합과 용서의 하나 되기'라는 본질적 의미망의 확장으로 조성된 예술적 감동과 환희이다. 그는 감정이 섬세한 시인이기에 "구들 한쪽을/ 거머쥔 아가의 통통한 손/ 파문 진 호수처럼 떨고 있다(아가의 손)" 처럼 메르헨적 요소인 동심 또한 정서적 양감量感으로 처리하는 담백한 품격의 소유자라는 점은 주지할 바다.

## 3. 정신풍경과 서정의 시학

시적 상상력은 수동적인 사물과 능동적인 정신을 결합하는 매개적 정신능력(the intermediate)의 범주로 이해할 수 있다. 금화처럼 짤랑이는 제왕국 시인의 내면인식으로서의 정신풍경은, 일상에 머무르지 아니하고 각질화 된 고정관념을 깨뜨려 보이는 정신적 산물로 치장되어 있다. 비록 사물의 재해석을 위한 발상으로 사물의 은유적 재구성을 꾀하지 아니 한 그의 시적 포즈는 직면한 대상에 몰입한 결과물로서 형태, 색깔, 감각 등의 속성들을 상반균형의 시적 형상화로 풀이된다. 그의 시편에서 골격은 '조금은 천천히'라는 느림의 미학에서 비롯된 여유로움이다.

> 영롱한 가슴 부풀어/ 시간들에 주눅이 들어/ 세월의 강물에 밀리고 흘러/ 여기, 강의 하구까지 왔구려/ 그리고 회상이다//
>
> - 〈찬란한 봄꽃〉에서

옷섶을 들춰는 바람은/ 살갗을 떨게 하고/ 등잔불은 매화처럼 향에 젖어 부시고/ 우리의 허기진 웃음 뒤/ 저 매화 향 가득한 세월 하얗게 밝으리니//

- 〈매화꽃 그늘〉에서

특히 푸른 생명의 식물성 언어를 즐겨 사용하는 제왕국 시인의 시편은, 지상적이며 여성 상징인 꽃을 시적 대상으로 삼고 주의집중으로 일관된 양상을 지니고 있음을 접할 때, 놀랍게도 그 자신 지극히 평화주의를 추종하는 실체로 파악된다. 그에게 있어 꽃은 재생이라는 순환적 이미지로서 바슐라르적 상상력에 의한 식물의 불이요, 생명의 빛이며, 정화精華이기에, 어디까지나 그의 시편에 수용된 꽃의 기능은 단절과 죽음을 이겨내는 강인한 생명력의 통로이며 인자因子로도 작용한다.

제왕국 시인의 시 해설을 분할·통합하며 거는 평자의 소박한 기대라면, 흘려버린 과거에 집착하지 말 것과 인식의 오류에 관해서 건강한 비판정신을 지니되 항시 통찰의 여유로움을 확인하라는 것이다. 이것은 그의 시 〈매화꽃 그늘〉에서 '비록 옷섶을 들추는 바람이 살갗을 떨게 할지라도, 끝내 우리의 허기진 웃음 뒤에도 매화 향 가득한 세월은 하얗게 밝아 오리라'는 소망을 집념으로 불태우되 현실에 안주하지 말고 따뜻한 정신적 기후와 새로운 시적 토양을 조성하는 경계의 끈을 놓지 말라는 요청을 조심스럽게 권면하고 싶다.

결론적으로 시창작의 주체는 어디까지나 화자(persona)인 시인이지만 다각적인 시각에서 검토할 때 독자란, 시인 자신일 수도 있다는 가능성을 열어 놓고 있기에 자신의 시편에 대해서도 비판적, 즉물적, 전체적, 정의情意와 지성의 종합, 유물적, 구성적, 객관적 특성을 지속적으로 구축하여야 할 것이다. 아울러 지식 · 정보화사회의 다양성을 수용해야 할 제왕국 시인의 시편들은 삶의 현상에서 부대끼는 사물을 여과하고 엄밀히 유추의 통로를 걸쳐 새로움을 현현顯現하되 그간의 낡고 고루한 시각을 떨쳐 버리고 새로운 변형의 추구에 해당하는 차별화된 시 정신을 결코 가볍게 인식하지 말 것을 글의 말미에 남긴다.

# ꕥ 발문拔文 I ꕥ

정 해 룡(시인 · 통영예총회장)

하느님께서 세상에 사람을 내일 적에 제일로 귀애하고 아끼는 사람일수록 그를 외롭고 쓸쓸하고 고통스럽게 살아가도록 합니다. 그리하여 그로 하여금 시를 쓰게 하며 시인으로 살아가게 합니다.

시인이란 하느님께서 제일로 사랑하는 사람이니 그는 이슬 같은 사람, 인정 많고 눈물 많은 사람, 남의 아픔을 내 아픔으로 여기는 사람, 불의에 불같이 분노하고 의롭고 옳은 일에 목말라 하고 길 아니면 가지를 않고 하늘에 이는 바람결에도 머리를 수그릴 줄 아는 사람, 풀벌레 소리에도 귀를 크게 열고 들으려고 하는 사람, 모든 것에 감사와 고마움을 품고 사는 사람, 그리고 무엇보다도 가슴속에 눈동자에 찬란한 별빛 은은한 달빛 따스한 햇볕을 간직하고 사는 사람이 시인이라고 할 수 있을 것입니다.

바로 이러한 시인의 반열에, 하느님이 제일로 아끼고

귀애하는 참 시인의 길에 동참했음을 크게 환영하면서 그를 가까이에서 보고 지켜본 필자로서는 반갑기 그지없습니다.

어렵고 힘들다는 시청 민원실에 근무를 하면서도 아무런 불평이나 내색 없이 내방하는 민원인들을 맞이했을 그를 떠올려보면 우선 편안한 미소와 넉넉함과 친절함이 눈앞에서 어른거려 집니다. 직장에서 필연적으로 따르는 진급이나 승진에서도 그는 초탈한 듯합니다. 꾸밈과 가식 없는 어딘지 어눌한 말투에서 오히려 그의 담백하고 수수함을 느낄 수가 있습니다. 그는 시인이기 이전에 인간적인, 너무나 인간적인 공복입니다. 통영시청민원실이 훈훈하고 따스한 분위기가 배어있는 것은 모두 제왕국이 그곳에서 근무를 하기 때문일 것입니다.

그가 쓴 시들도 그의 이러한 성품과 인간성에서 크게 벗어나 있지 않습니다. 틈틈이 불면의 밤을 밝혔을 그의 시 쓰기는 그의 허전한 일상을 위로해주는 유일한 낙이었을 것을 생각하니 감히 그의 시를 말하는 것이 두렵기도 합니다.

그러나 굳이 한 마디 하자면 돌을 다듬는 석공이 돌에 조각품을 새겨 넣는 것이 아니라 이미 돌에 숨어 있는 조각을 찾아내어 돌을 쪼아낸다고 했듯이 언어를 조탁하고 다루는 시적인 표현과 창조적인 시적 직관도 이와 같았으면 합니다.

제왕국의 제2, 제3의 시집이 벌써 기다려집니다.

## ꧁ 발문拔文 Ⅱ ꧂

# 아름다운 인간애로 구현 해 가는 진실의 꿈

조 영 희(시인 · 통영시공무원문학회장)

### 1. 사람을 사랑하는 올곧음

겸손한 제왕국 시인이 드디어 시집을 세상에 내 보낸다. 문단에 나온 후에도 자신을 들어내기를 겸손해 마지않는 이 시인의 시집은 길 잃은 산골 미아에게 이름표를 달아주는 의미를 가지고 있다. 갯내음이 물씬한 남도 통영의 한 폭 한 폭 색다른 그림, 각각 바다를 바탕색으로 메시지를 담고 있는, 시인 마음의 병풍에는 풍경화, 정물, 인물화 등 신선한 그림이 그려져 있다. 폭마다 진솔한 삶의 무늬가 보는 사람들에게 감동을 준다. 또한 고향의 상처가 스민 추억이나 과거 가족사적인 서정보다는 평안하고, 사물에 대한 따뜻한 시선과 예리한 관찰력으로 삶을 깊이 통찰하고 있다.

현실의 경험을 경험에서 끝나지 않고 고민하고 해체하는 과정을 겪으며 터득하는 사유는 독자의 마음을 움직이게 한다. 그의 시편들은 시인의 내부에서 발생한 작은 공간에 국한되어 있지 않고 지금 현 시점에서 과거로, 세계로, 자유로이 넘나들어 자신의 목소리를 생동감있게 표현하고 있다. 시인의 시는 직접적 체험의 미학의 소산이다. 그러므로 오랜 공무원의 헌신적 삶의 내공이 이루어 낸 깊이가 올곧은 철학의 자기반성으로 작품 속에 구절구절 배어 있다.

햇살 따라 오르는 산길
언뜻 눈에 비친 허름한 막대기
풀숲 옆에 버려져 있다
화석이 되어 내 손아귀에
흘러간 세월만치나 부드럽게
하루 아니면 몇 시간의 동반자가 될
이젠 고희 지난 마른 가지로
육십도 채 이른 젊은이 지팡이로
서로서로 무거운 육신을
가볍게 떠받치고
산을 오른다
귓속으로 들려오는 산의 숨결 마음으로 짚고
여리고 정겨운 산새들의 푸른 소리 들으며
산의 정상을 오른다

〈인연 - 1〉 전문

키다리 억새
허옇게 머리 풀어

흔적 쓸며 섰는
산자락 오솔길 가네

전생에 머물러 두었던 인연
이승에 풀어놓고

구름과 바람 따라
부서진 의족 끌며 가네

쩌벅 쩌벅 산자락 울리는 소리
억새 키를 낮추며 가네

〈인연 - 2〉 전문

어둠이 물구나무서면
할배는 산자락을 올랐다
조각달이 할배의 무르팍 적실 때면
혼이 서린 도끼날이 산을 울렸다
할배의 밥상에는 늘 안도의 한숨이
고즈넉 젖어있고 맹물 같은 하루가
고랑창으로 흘러갈 때면
나는 빈병에 꿈을 넣어 할배에게 드렸다

- 중략 -

평생을 두고 온
세월이 서럽다고

뜸부기 울음이 솔밭을 다 적신다고
할배는 그렇게
좌정하셨다

〈할아버지〉

인용한 시들은 제왕국 시인의 내면세계의 풍경을 기교 없이 표현한 중요한 단서가 된다. 그의 부단한 몸부림이 허방이 아니라 사람을 사랑하고, 인연의 고마움을 느낄 수 있는 글이다.

## 2. 자연에 이름을 붙여주고 자연과 하나가 되는 시인

제왕국 시인의 자연에 대한 사랑은 이름 붙여주기로 시작된다. 이름을 불러 주는 것은 애정의 구체적 표현이다. 인간관계의 첫 발자국이기도 한 관심은 좋은 만남을 기도해온 긴 시간들의 숙고이며 시에 등장하는 자연과 새와 곤충의 이름만 보아도 얼마나 고향을 사랑하는지를 알 수 있다.

쪽빛 띄운 바닷가에서
세월이 흘러

라는 구절이나

무늬 진 몽돌 바라보네
하느님 눈물의 방울들
해탈한 스님의 사리들
바닷가에서 돌의 젖가슴 만져보네

- 중략 -

꽃 같은 문양석 응시하네

〈수석〉 이나

가다말다
흔적만 남는 것이 있다

차곡차곡 찍히는 발자국
길이 되어 앞선다

길에 멈추어 서도
그 길 위에는
꽃들이 무수히 피어나고

길 위에 있지 않아도
그 길 따라 꽃은 핀다

그리움에 핀 꽃
꽃숭어리에 찍힌 바른 길이
나를 인도한다

〈길과 꽃〉

같은 시가 해당된다.

네가 그리워서

시/제왕국

네가 그리워서
나는 호수 하나를 만들었다

호수는 잔잔한 파문을 들려주었고
파문은 흰 새떼를 모이게 했고
흰 새떼는 싸락눈을 내리게 했고
싸락눈은 그리움을 알게 했다

그리움에 내 가슴을 파문지게 해
또 다른 호수 하나를 만들었다
네가 그리워서

제 시인은 조용하며 소신이 있는 굳셈을 가진 "고향 통영"의 가슴이 따뜻한 시인이다. 그의 시에도 이런 품성이 그대로 반영되어 있다.

### 3. 따뜻한 가슴으로 이웃을 따뜻하게 하는 능력

시집 이름을 "나의 빛깔"로 한 의도에는 시집에 실린 시들과 사람도 자연의 일부라는 그의 생각이 배어있다. 그는 한때의 취미나 멋으로 자연을 대하지 않는다. 그래서 아래의 시편들처럼 자연에서 슬픔을 딛고 일어서는 힘을 얻는다. 자연을 소재로 하여 이를 따뜻한 시선으로 돌봄으로 우리들의 상처를 보듬어 치유의 새살이 돋게 하여 준다.

여기저기 떠돌다
이제 막 정박한 낡은 선박처럼
가슴 설레는 하루가 멀찍이 서서
네온사인으로 돌아가지만
이 모든 것
거머쥘 수 없는 지난날만
회상같이 스쳐갈 뿐
더러는 빈 몸인 채로
젖어들고 있다

〈문을 나선다〉

홀로 서성이는 그림자처럼
빈 가슴에 잠시 훑고 지나가는 그리움
맡겨둔 사랑을 끄집어낸다

〈보리밭길〉

그의 시는 그저 평범하다. 드러난 정서가 그러하고, 사용된 시어가 그러하다. 그의 시에 쓰인 시어는 일상 언어와 크게 다르지 않다. 평범 속에 비범이 있다는 진정 필부필부로 살아가는 우리들의 삶, 우리 이웃의 삶의 이야기다. 글감잡기에서부터 평범한 일상을 예리한 붓끝으로 이웃과 사물, 혹은 생활의 고단함의 상처를 직면함으로 누구에게나 나름대로 고통이 있다는 일반적인 사실을 인정함으로 치유에 이르는 묘한 힘을 발휘한다.

연분홍 꽃신 신고 햇살처럼 신부가 걸어 온다
하얗게 바래진 꿈이 몽실 피어오른다

수줍어 눈 깐 바닥이 환하게 밝아오는
〈신부의 꿈〉 중에서 혹은

또 다른 길

시/제왕국

길과 길이 푸르게 뚫린
햇말은 웃음보다 더 고운
그 길을 따라 젖은 듯
바람 오면 나의 어릴 적
꿈이 온다

매듭진 옷고름 풀듯
기나긴 삶의 무게 흰 동어리
꽃꽃이 세워 푸르듯 푸른
세월의 언저리에 매인 또 하나의 꿈
거기에 젊음이 온다

하루의 일상을 밥상 앞에 앉혀놓고
그 길 가진 못한 사연
낱낱이 일러 바쳐
하나둘 피어날 꿈을 그린다

거미줄에 그 길 걸려
나비처럼 날지 못한 한
독지 꿰인 언약들만 날아가고
빈 몸으로 하루를 열어
그 길 서럽게 다시 걸어
올올이 배인 허드레 여정
또 다른 길 환하게 열리느니

그늘 속 걷다가
볕바른 양지에 들었다
내 몸은 안으로 탄다
네가 드리운 사랑의 심연
갯바위에 부딪치며 이는 포말
자그마치 수평을 채운다

별은 사랑이다
풀과 나무들 가만히 손잡는다.
잎사귀에 떨어지는
숲의 눈물들
또르르 구르면
내 귀에 들려오는 별의 속삭임
숲을 키우고 있다

별이 내 몸속으로 들어온다
얼음처럼 차가웠던 가슴속
스스로 채우지 못한 느슨한 삶을

꼭꼭 채우고 있다

〈가슴에 별이 들어와〉

햇살도 둥글둥글 이슬처럼 구르는 날
세월이 흘러서
각이 진 모서리 버물어
햇살이 미끄럼 타는

〈수석〉

## 4. 일상의 발자국에 자연스레 고이는 연륜의 빛과 그림자

시인의 작품에는 각이 진 모서리를 버무는 연륜의 흐름을 느낄 수 있다. 이웃과 자연의 크고 작은 아픔들과 동감하는 따뜻한 가슴이 있다. 이런 비유는 오랜 경험에서 닦여진 의연하고 내면화된 정서는 사물의 죽음마저도 자기 몫의 수양으로 수용하고 있음을 본다.

물속에는 그만의 빛깔이 있다
굴절된 햇살의 생성 운동
그 속에 또 다른 빛이 있어
자신의 몸 허물어 빛을 내는
야광충처럼
그들만의 색채가 있다
이 세상 누구에게도 없는 제만의 빛으로
물속을 투사한다

욕심을 뱉어내고 돌아서면
사방에서 소리치는 또 다른 내가
안개처럼 둥둥 뜨는 꿈을 꾼다
가벼워야할 몸마저 뒤뚱거려
심해 속으로 잠식한다
이 세상에 와서
가진 것 다 돌려주고
조금 조금씩 소멸해 갈 수 있다면
심해 언저리, 그 빛 반짝일 수 있으려만
이렇게

가슴이 무거워 오는 것을
나는 과연 무슨 빛깔로
이 세상을 알리게 될까

돌아가리라
빈 몸으로 이른 아침에
찢겨진 몸 거두고
한 알의 사리도 남기지 않고 홀연히
돌아가리라, 마지막 빛 반짝이고

〈나의 빛깔〉 전문

제시인의 변화가 진실로 표현되는 예이며 이상의 경지로 비상하는 꿈을 품고 있는 것이다

두드러기

시/제왕국

두드러기가 이네요
내가 뭘 잘못 먹었을까요
등짝에 웬 크고 작은 산들이 솟아
화산작용을 하고 있는 것일까요
천지의 문이 꽃망울이 터지듯
화들짝 열리는 것일까요
왜 이렇게 몸이 간질거리지요
최초의 말씀처럼
그렇게 옥문이 열리는 것일까요
옥동자가 태어날까요
봄을 기다리는 들녘의
아름다운 진통이겠지요
그럴까요
밤새도록 축축한 눈을 깔고
뒹굴고 말았네요

쉬이 잠들지 못할 밤에
홀로 깜박이는 매화꽃 어스름
침묵처럼 고요한 밤이다

- 중략 -

소주잔 적시는
매화 향
가난도 팔자니 그렇게
둥글둥글 돌아가는 세상을
자꾸만 쌓여가는 허기를
웃섶에 묻혀 사는 것을
소주잔에 가난이 웃고 있다

〈매화꽃 그늘〉

위의 시에서 보듯이 그의 상상력의 뿌리가 아픔을 고민

하고 동참하는데 있어 더욱 신뢰가 간다.

시간은 사건이 흘러가는 강물과 같다면 독자와 함께 제 시인의 시각으로 삶의 자세들은 객관적으로 성찰해 보는 계기가 되길 바라마지 않는다.

봄빛의 들녘에 서서
그 여인의 이름을 불러본다
기억을 거품으로 떠내어도
가슴속 방울방울 어린 소이
소실점 잃은 풍선처럼 날아가고 말았구나

봄 햇살의 비늘
들녘을 흥건히 적시면
너는 온다고 마른 소리로 말했지
문득 팔짱을 끼고
가느린 목소리 네게로 다가간다

영롱한 가슴 부풀어
시간들에 주눅이 들어
세월의 강물에 밀리고 흘러
여기, 강의 하구까지 왔구려
그리고 회상이다

이 들판에 눈이 내리고
봄꽃마저 시들어
너의 향기 맡을 수 없어도
지금 나는 강물에 띄운
신비한 이 자연의 미세한 선율을

새싹들의 가슴으로 듣고 있다
〈찬란한 봄꽃〉

인용한 작품들은 제 시인의 시 세계는 진실한 허무가 배면에 깔려있다 물질만능, 부조리에 대한 삶에 대응하는 화자의 단호한 의지와 선언이 아니겠는가.

꿈틀대는 시간들의 넋
조용히 새겨지는 흔적들
몽당연필의 심처럼 남는다
〈흔적〉

자력이 크면 클수록
빗방울은 비상한다
너무나 단단한 빗방울의 야성
튕기면 웅웅웅 우는 득음의 신명 한가락
두루마기 휘날리며 한 대목 걸쭉하게 풀어 놓는다
〈문학기행〉

## 5. 맺음 말

이 시집의 시편들을 눈여겨 읽으면서 느낀 점이 있다면, 다른 사람들의 시집에 비하여 그 소재와 기법 · 형식에서 자유롭다는 점이다. 일상생활에 대한 시가 많고 그 시들이 자연과 인간과의 관계에서 정신세계의 깊이를 더하여 오묘하고 독특한 술맛을 빚어내는 것이다. 무엇보다 고향의 자연과 바다와 나무, 풀 한포기까지 자긍심을 가지고 사랑하고 있는 것을 볼 수 있었다. 고향에서의 삶과 시인의 삶에 스스로 동화되어 가고 있다는 점이다.

물론 시의 완성의 경지는 시인이 평생을 추구해도 도달하기 어려운 경지이므로 현재진행형일 수밖에는 없다. 제 시인 역시 그런 과정을 조용히 가고 있는 한 사람이다. 그의 겸손하면서도 끈끈한 열정과 기도를 엿볼 수 있었다.

나는 제왕국 시인이 끊임없이 자기 개발과 스스로의 영혼을 치유하는 시 세계에 풀무질을 하여 비옥한 열매를 가꾸어 내어 마침내 큰 시인으로 더욱 성숙해 지리라라 믿으며, 그 날을 기다린다.

끝으로 서정과 지성의 진폭이 조용한 승화를 이루어내는 제 시인의 예술을 대하는 장인적인 기질 같은 태도를 존경한다. 지금 이 시절에 뒤돌아보고 싶은 시 한편을 소개하면서 독자들의 제 각각의 아름다운 인연과 사유로 이 책에 많은 격려를 바라면서 우리들 곁에 제 시인이 있다는 사실을 행복으로 여기며 살아 갈 것이다.

## 돌아서서 보면

시/제왕국

아침이 녹은 창가에 서서
항구에 정박하는 낡은 배 하나를
유리잔으로 내려놓는다

하루의 일상으로 풀듯이
나직이 바람맞고 있는
한순간의 고요에 젖어본다

조금씩 아껴
돌이킨 깊은 겨울산의 명상에
침묵처럼 서 있는 저 소나무들
햇살 맞으며 하루를 연다

떠난 그날을 되돌아보며
낡은 배는 젊음의 원심에
정박하고 회랑으로 돌아서
유곽속의 자신을 보고 있다

너무나 멀리 떠나온 자신의
모습을 전리품처럼 펼쳐놓고서

**나의 빛깔**

인쇄 2008년 12월 19일
발행 2008년 12월 25일

지은이 제 왕 국
펴낸이 김 창 석
펴낸곳 홍익출판사

대구광역시 중구 삼덕3가 245-2
☎ (053) 421-6700, 427-3627

ISBN 978-89-7826-194-4 03800

정가 8,000원